F. K. Waechter · Sehr witzig!

Friedrich Karl Waechter

Sehr witzig!

Szenen und Bilder

Philipp Reclam jun. Stuttgart

Umschlagzeichnung von F. K. Waechter

Universal-Bibliothek Nr. 18091

Gesamtherstellung: Reclam, Ditzingen. Printed in Germany 2000

ISBN 3-15-018091-0

Inhalt

Vorhang auf

Der Vorhang geht auf. Ein Clown starrt erschrocken ins Publikum. Er sieht an seinen Seiten die Vorhanghälften sich von ihm entfernen und rudert hilflos mit den Armen. Das bringt seinen Körper in Schwung. Er gerät ins Hüpfen. Er hüpft der einen Vorhanghälfte hinterher und packt sie beim Zipfel. Er wirbelt mit ihr in der Faust der anderen Vorhanghälfte hinterher. Er kann auch sie noch packen. Nun will er beide Hälften wieder vor sich schließen. Doch die Vorhang-auf-Mechanik ist stark. Sie ist nicht so stark wie sein Wille, sich vor den Blicken der Zuschauer zu verbergen. Aber sie ist stärker als sein weicher Körper. Der zerreißt. Die eine Hälfte des Clowns wird nun nach links und die andere nach rechts von der Bühne gezogen. Sein Blut fließt über die Rampe.

„Für mich ist dies das reizendste Kostüm des Nachmittags."

Page Herbert

Der Page Herbert tritt mit einem ausgestopften Kauz und einem Topf siedenden Schmalzes vor den griesgrämigen König: »Guten Tag, mein König, Frohsinn sehe ich dort wenig.«

Er tippt dem König ins Gesicht. Die Laune des Königs verschlechtert sich zusehends.

»Das kann so nicht weitergehn, drum will ein lustig Ding ich drehn. So wahr ich Page Herbert bin, will ich ändern deinen Sinn. Mit diesen beiden Sachen, bring ich dich zum Lachen: Also, paß auf. Dieser kleine Kauz, fliegt dir in die Schnauz.«

Er schleudert dem König den Kauz ins Gesicht. Die Laune des Königs verschlechtert sich zusehends.

»Und das heiße Schmalz zischt dir an den Hals.«

Er schüttet dem König das Schmalz ins Gesicht. Die Laune des Königs verschlechtert sich zusehends.

»Hinterdrein der Topf, trifft genau den Kopf.«

Er wirft dem König den Topf an den Kopf. Die Laune des Königs verschlechtert sich zusehends.

»Und zuletzt der Page. Rein in die Visage.«

Er springt dem König ins Gesicht, daß der vom Thron fällt. Seine Krone rollt von der Bühne.

»Für mein bescheidnes Spiel begehre ich nicht viel, dein halbes Reich, dein Töchterlein, behalt sie, nur ein Gläschen Wein würd ich jetzt gerne haben, um mich daran zu laben.«

Der König brüllt: »Rrrauuss!! «

Wenn du mich heiratest, kannst du mich immer zeichnen!

Frühes Drängen

Kurz ist jedes Glück auf Erden,
lange wird es durchgeträumt,
aber heute kann noch werden,
was im letzten Jahr versäumt!

Vater hat ein Schiff genommen,
macht mit Mutter übern Teich,
also schleiche ich beklommen
zum verlassnen Schlafbereich.

Finde zarte Kostbarkeiten
wie von Gustav Klimt gemalt,
laß sie hier- und dahin gleiten,
bis ich rundlicher Gestalt.

Finde Mutters Zweitperücke
mit dem feinen Silberglanz,
sie ist eine geile Brücke
zur seriösen Eleganz.

Wie ein Raumschiff die Galaxis
bang und hoffnungsprall durchrauscht,
rausch ich nun in Vaters Praxis
von der Sehnsucht aufgebauscht.

Schlüpf in Vaters Arbeitsleinen,
überkleb das Hinweisschild
so geschickt, daß es für keinen
Herrn, jedoch für Damen gilt.

Hirngespinste, Götter, Schäume!
Heut jag ich die Seligkeit
aus dem Reiche meiner Träume
in die rauhe Wirklichkeit.

Heute triumphiert das Leben
Heute triumphiert die Welt
der Gesänge, Weiber, Reben,
heute – Himmel, hilf, es schellt.

Bitte legen Sie sich dorthin,
bitte machen Sie sich frei.
Was steckt hinter bloßen Worten
manchmal für ein Lustgeschrei!

Holder Anblick! Süße Labe!
Wenn sie nur nicht gleich entdeckt,
welch ein lustdurchtoster Knabe
in der reifen Ärztin steckt.

Würdevoll, gesetzt, besonnen
leg ich meine Rolle an,
denn die Nähe aller Wonnen
fordert einen festen Mann.

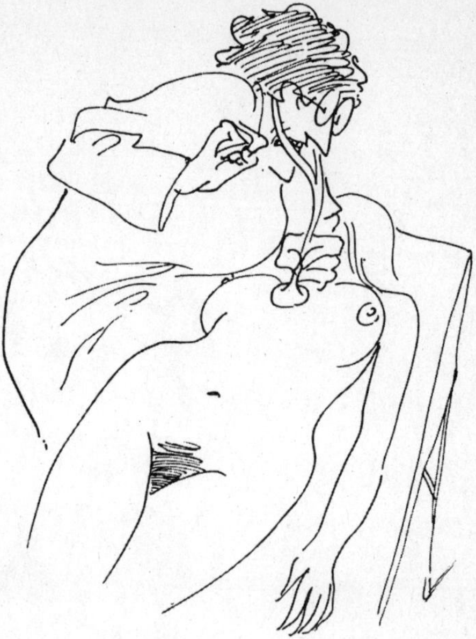

Noch fühl ich mich Herr der Lage,
wenn das Stethoskop auch bebt,
doch wie lange ist die Frage,
die sich ganz massiv erhebt.

Endlich bricht der letzte Kerker,
endlich wird sein Gitter weich,
endlich sind die Fluten stärker,
spülen mich ins Himmelreich.

Dieses Reich scheint voller Tücke,
schon im ersten Augenblick
löst sich kreischend die Perücke,
und ich bleib entlarvt zurück.

Diese Schmach ist unerträglich,
und sie trifft mich wie ein Beil,
daß ich so geschwind wie möglich
fort und auf die Straße eil.

Doch die Schmach verfolgt mich weiter.
In der Fremdenlegion
schieß ich mich als Stabsgefreiter
in gehobne Position.
Finde fern von den Oasen
eine Frau, die »Wasser« schreit –
ich hin – Tatsache! Sie ist es!!
Voll am verdursten!
Und ich hab jede Menge Wasser dabei
und Champagner!
Und alles, alles wird wieder gut.

„Kasperle, Kasperle,
was machst du mit mir?"

TV

Vater macht den Abwasch. Mutter sitzt im Fernsehsessel und schaut sich die aktuellen Greuel im Fernsehen an.

Vater: »Herr Gott, geht das Fett schlecht ab.«

Mutter: »Deine Sorgen möcht ich haben.«

Das Schaufenster

„Ich bitte Sie, meine Damen und Herren!
Dem Beischlaf wird in unsrer Gesellschaft
eine viel zu große Bedeutung beigemessen.
Er sollte so selbstverständlich sein wie unser
tägliches Morgengebet."

Alltägliche Heimkehr

Mutter schrubbt den Fußboden. Aus dem Putzeimer schaut der Kopf eines Schäferhundes. Vater kommt mit seinem Aktenkoffer von der Arbeit heim. Er wischt sich den Schweiß unterm Hut weg.

Mutter: »Tach, Vatti!«

Vater: »Wenn ich heimkomme, ist immer, immer, immer der Hund im Putzwasser. Mich nervt das.«

Aber auch Schäfer!

Die Wölfe

Ein Mann hält seine schlafende Geliebte im Arm und schwingt mit der Rechten eine Peitsche, die Wölfe von sich fernzuhalten und deklamiert:

»Könnten wir das Glück im Bett auch nur halbwegs ermessen, wenn nicht die schneidende Kälte, wenn nicht die Unzahl der Wölfe wäre?«

Der Spanner

Ein Spanner sitzt in einem Baum und schaut sehr angeregt in ein schwach beleuchtetes Fenster. Plötzlich erscheint ein nackter Mann am Fenster und sieht den Spanner.

Nackter Mann: »Ich bring dich um, du Schwein.«

Spanner: »Sie waren einsame Spitze.«

Nackter Mann: »Ehrlich? Sowas sagt sie mir nie.«

Lebendiges Christentum

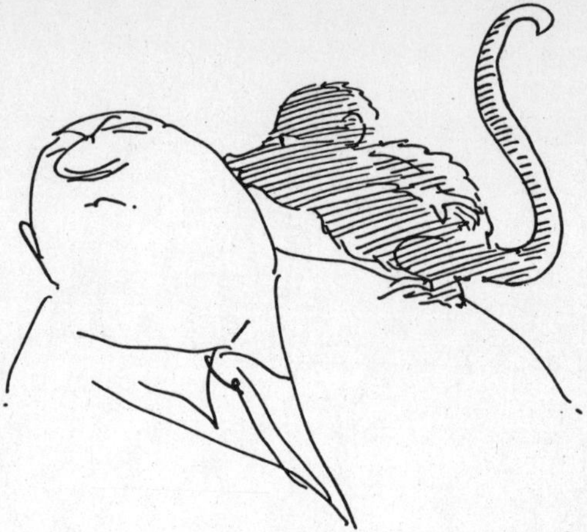

Mac und Molli

Mac vögelt mit Molli. »Ich liebe dich, Molli.«
Mac wischt Mollis Schoß mit Mollis Rock trocken. »Ich wisch dich ab, Molli.«
Mac ersticht Molli. »Ich ersteche dich, Molli.«
Mac wischt Mollis Blut von Mollis Leib. »Ich wisch dich ab, Molli.«
Mac beweint Molli. »Ich beweine dich, Molli.«
Mac wischt seine Tränen aus Mollis Gesicht. »Ich wisch dich ab, Molli.«
Mac zieht Molli an ihrer Nase hoch. »Vielleicht kannst du auch mal was machen, Molli.«

LIEBE UND FEUERWEHR

Das falsche Buch

Der Prophet

Wahrlich
ich sage dir

Es wird ein Regen kommen vom Himmel, der wird dich naßmachen bis auf die Knochen

aber alles Land und alles, was um dir ist wird trocken bleiben

doch bei dir wird Heulen und Zähneklappern sein

Ich aber sage dir: Fürchte dich nicht, denn das hat zum Zeichen

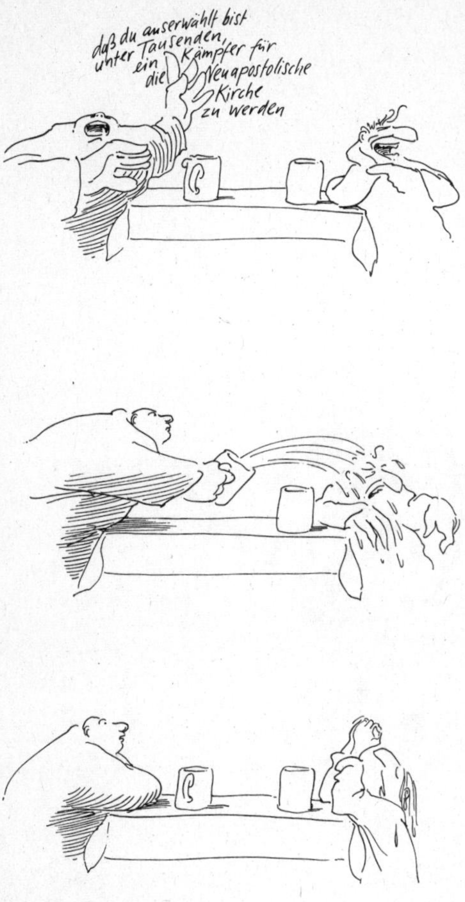
daß du auserwählt bist
unter Tausenden,
ein Kämpfer für
die Neuapostolische
Kirche
zu werden

GOETHE SPIELT FLÖTE
AUF SCHILLER SEIN' PILLER.
Volkstümliches
Denkmals-
Entwurf von
F.K. Waechter

UNGEWÖHNLICHER SOMMER

Der Abstand

Ein mächtiger Herr sitzt in einiger Entfernung über einem mickrigen Knecht. Beide haben ein großes Glas Bier vor sich. Der Herr säuft sein Bier aus, während der Knecht noch die Schaumkrone seines Bieres bewundert und behauptet: »Ist das nicht grotesk? Nur weil wir unser Bier verwechseln könnten, ist dieser Abstand zwischen uns.«

Der Herr schiebt einen meterlangen Halm in das Bier des Knechts, säuft auch dessen Glas leer und entgegnet: »Ich befürchte, daß Sie das etwas zu vereinfacht sehen.«

Ernst

Nö

Schade

Verdacht auf Fieber!

In Harrys Bar

Harry putzt Gläser hinter der Bar. Ein Gast sitzt vor der Bar.

Gast: »Als ich heute nach meinem Leben griff –«

Harry: »Nach Ihrem Leben? Tatsächlich?«

Gast: »– das ich, um es zu schonen in letzter Zeit seltener gebraucht hatte –«

Harry: »Oh, das soll man nicht machen. Das geht selten gut.«

Gast: »– mußte ich feststellen, daß es mir hinten und vorne nicht mehr paßte.«

Harry: »Sehen Sie!«

Herrliches Morgen

Die Maske

Finger bohren sich durch den geschlossenen Vorhang, Arme schieben sich hinterher, eine maskierte Gestalt folgt. Sie beginnt ein behutsam täppisches Tanzspiel, steigert sich zu größeren Gesten, spielt immer extatischer, bis ihr die Maske aus dem Gesicht fällt. Entsetzt verbirgt die Gestalt ihr Gesicht in den Händen und rollt sich rückwärts hinter den Vorhang.

Vor dem Vorhang liegt nun die Maske. Eine Hand schiebt sich unter dem Vorhang vor und klopft den Boden nach der Maske ab. Viel Staub wirbelt auf. Die Hand nähert sich der Maske. Eine Person in der ersten Reihe schnappt der Hand im letzten Moment die Maske weg, setzt sie sich selbst auf und winkt triumphierend ins Publikum. Die Hand klopft weiter den Bühnenboden nach der Maske ab. Von der Seite erscheint der Inspizient. Er klopft dem noch immer ins Publikum winkenden Maskierten auf die Schulter und fordert grimmig die Maske. Der Maskierte will sie nicht hergeben. Er flieht. Der Inspizient verfolgt ihn. Er kann ihn auf der Vorbühne packen. Sie prügeln sich. Die Hand klopft noch immer den Bühnenboden nach der Maske ab. Das geht solange, bis der letzte Zuschauer den Saal verlassen hat.

Mai

Stellen Sie sich vor
es wäre Mai,

und Sie wären
ein Kater.

Na?

Scherz beiseite –

– interessiert es Sie vielleicht, was *ich* mir vorstelle?

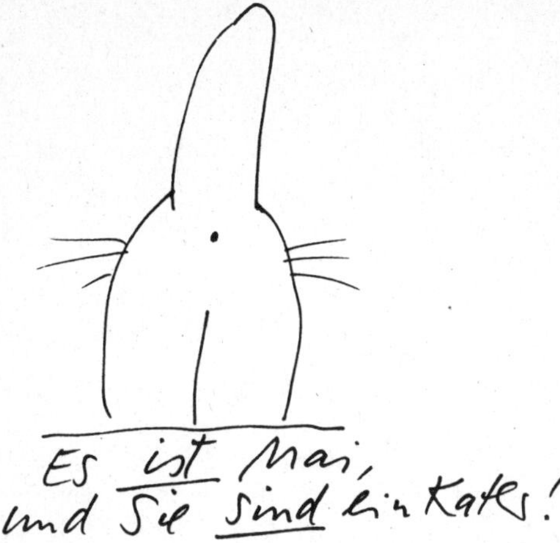

Gott ist dran

Herr und Frau Döbel sitzen in ihrem perfekten Wohnzimmer. Das Telefon klingelt. Herr Döbel hebt ab. Gott ist am Apparat.

Herr Döbel: »Döbel. – Wie bitte? – Ja, guten Tag auch. Ja – ja, ja.« Er hält den Hörer zu und ruft zu seiner Frau. »Gott ist dran. Ob er mal kurz vorbeischauen könnte?«

Frau Döbel: »Um Himmels willen! Es ist noch nicht aufgeräumt.«

Herr Döbel ins Telefon: »Hören Sie? – Alles klar. – Bis gleich.«

Frau Döbel wirbelt staubwischend herum: »Mußtest du mir das antun?«

Herr Döbel: »Ich weiß auch nicht, was er will. Ich habe keine Ahnung, wieso er ausgerechnet zu uns –«

Frau Döbel: »Hilf mir! Steh nicht herum! Schau mal, wie es hier aussieht!« Es klingelt.

Herr Döbel: »Da ist er schon.«

Frau Döbel: »Du meine Güte! Halt ihn noch etwas im Flur auf, Arthur!«

Herr Döbel geht öffnen. »Scheiße.«

Frau Döbel heult Verzweiflungstränen ins Staubtuch. »O nein!« Sie sieht ihren Mann schon wieder die Stube betreten und zischt durch die Zähne. »Arthur!«

Herr Döbel: »Er wollte unbedingt gleich zu dir.«

Frau Döbel sieht Gott eintreten und breitet liebenswürdig ihre Arme aus: »Welche Freude in unserer bescheidenen Hütte.« Sie schütteln sich die Hände.

Herr Döbel: »Darf ich bekanntmachen: Meine Frau, Gott.«

Gott sieht sich im Zimmer um. Herr Döbel bietet Zigarren an. Frau Döbel schiebt Gott den besten Sessel in die Knie. Gott schaut sich um: »Wie sieht es denn hier aus?« Frau Döbel fällt laut heulend auf einen Hocker nieder. Herr Döbel will aus dem Zimmer schleichen, Gott läßt sich in den Sessel fallen und knipst sich eine Zigarre zurecht. »Hiergeblieben.«

Herr Döbel kehrt betreten zurück: »Ich wollte nur den Cognac holen.«

Gott zündet sich die Zigarre an: »Und ich wollte mit Ihnen darüber reden, daß Ihre Aufnahme in den Himmel ziemlich gefährdet erscheint.« Gott bläst Ringe in die Luft. Herr und Frau Döbel nehmen auf der Couch Platz. Schweigen.

Herr Döbel: »Läßt sich da gar nichts machen?«

Gott schnippt die Asche in den Aschenbecher, den Frau Döbel ihm zuschiebt: »Je nun, es liegt letzten Endes in meiner Hand – wenn ich wenigstens ein Bemühen Ihrerseits registrieren könnte.«

Herr Döbel erhebt sich: »Vielleicht sollten wir bei einem so wichtigen Thema doch einen guten Cognac –?« Gott spitzt zustimmend seine Lippen.

Frau Döbel erhebt sich ebenfalls: »Und ein paar Fischli.«

Gott irritiert: »Fischli?« Herr und Frau Döbel servieren. »O, sehr liebenswürdig. Also Herr – Herr –«

Herr Döbel: »Döbel.«

Gott: »Also, Herr Döbel, daß Sie im Augenblick guten Willens sind, will ich Ihnen gerne glauben, aber –« Er wirft ein paar Fischli ein. »– wie lange hält das vor?«

Herr Döbel: »Tja.«

Frau Döbel: »Ich sage immer zu meinem Mann: der Geist ist willig, aber das Fleisch ist schwach.«

Gott nimmt einen kräftigen Schluck Cognac: »Verstehe, verstehe, Frau Döbel –«. Die Kuckucksuhr ruft vier mal Kuckuck. »Wie bitte? Schon vier? Verdammt ich muß weiter.«

Frau Döbel: »Das ist aber schade.«

Herr Döbel: »Bleiben Sie doch noch auf ein Gläschen, Herr.«

Gott: »Bedaure aufrichtig, hab noch einige Besuche vor mir, das können Sie mir glauben.« Er blättert in seinem Notizbuch.

Frau Döbel: »Das glaub ich gerne.«

Gott: »Kann ich mal bei Ihnen telefonieren?«

Frau Döbel: »Aber selbstverständlich.«

Herr Döbel reicht Gott das Telefon: »Das wäre ja noch schöner.«

Gott spricht ins Telefon: »Gott. – Guten Tag, Herr Döblich. – Ja, Sie haben richtig verstanden. Ob ich mal kurz bei Ihnen vorbeischauen könnte? – Ja? – Dann bis gleich.« Er verabschiedet sich per Handschlag von den Döbels. »Hoffe sehr, daß mein Besuch nicht ganz umsonst gewesen ist.«

Herr Döbel: »Das hoffen wir auch. Auf Wiedersehen.«

Frau Döbel: »Und schauen Sie doch bald mal wieder bei uns rein.«

Gott steigt in seinen Wagen: »Was will ich eigentlich? Sie sind doch prächtige Menschen, diese Döbels. Bißchen schlampig, je nun –«. Er fährt davon. Die Döbels halten sich im Arm und winken Gott hinterher.

Frau Döbel: »Ach, ich bin so froh, Arthur. Es ist doch relativ gut gelaufen.«

Herr Döbel: »Gottlob!«

Ich liebe!

Sie ist so lieb, so schön, so wunderbar
Warum bist du nicht bei ihr?

Sie ist so lieb, so schön, so wunderbar daß ich sie ewig lieben will. Wenn ich bei ihr bin, bekomme ich sie über. Dazu ist sie mir zu lieb, zu schön
und zu wunderbar

Wir zwei verstehen uns

„Na, wer kommt denn mal zu mir und erklärt mir die Abseitsregel?"

Lothar Hinkel

Lothar Hinkel versucht einzuschlafen, vier mit langen Messern bewaffnete Unholde nähern sich singend seinem Hause:

»Wir öffnen alle Türen, den Lothar zu kastrieren,
das steht uns im Sinn, widiwidiwinn.«

Lothar springt aus seinem Bett, verriegelt sämtliche Türen, welche die Unholde jedoch singend einrennen:

»Mit scharf geschliffnem Messer, geht alles um so besser,
sich wehrn hat wenig Sinn, widiwidiwinn.«

Lothar verbarrikadiert sich, indem er sämtliche Möbel vor die Tür seines Schlafzimmers schiebt, was die Unholde kaum aufhält:

»Das letzte Bollwerk ist geschafft und Lothar Hinkels Manneskraft
ist gleich für immer hin, widiwidiwinn.«

Lothar packt einen Stuhl und schlägt ihn den Unholden derart um die Ohren, daß sie das Weite suchen.

Lothar Hinkel bringt sein Schlafzimmer wieder in Ordnung: »Wie, wenn sie die nächste Nacht kommen? Und es sind ihrer acht? Und sie singen ihr Lied ganz leis vor sich hin?«

Während Frau Köchlin den Sonntagsbraten richtet,

besorgt Herr Köchlin sein Torwarttraining.

Nur einmal im Jahr, nämlich zu Pfingsten, macht Herr Köchlin

die Küchenarbeit, und Frau Köchlin treibt Sport.

Das Schmerzliche: Frau Köchlin ist besser.

Die
Oberbohne
liebt auch
Dich!

Sonntagnachmittag

Frau Tecklenburg deckt in der guten Stube den Kaffeetisch, Herr Tecklenburg schneidet in aller Seelenruhe die Torte auf. Sein T-Shirt hat die Aufschrift SCHEISSE.

Frau Tecklenburg: »Wenn meine Eltern da sind, und du hast das T-Shirt noch an, sind wir geschiedene Leute.«

Herr Tecklenburg schneidet in aller Seelenruhe die Torte weiter. »O. k.« Es klingelt.

Frau Tecklenburg geht die Tür öffnen. »Das werden sie sein.«

Herr Tecklenburg schneidet in aller Seelenruhe die Torte weiter. »Ja ja.«

Frau Tecklenburgs Stimme: »Mutti?«

Muttis Stimme: »Jaha. Ich bins. Mutti.«

Frau Tecklenburgs Stimme: »Sie sind es!«

Herr Tecklenburg schneidet in aller Seelenruhe die Torte weiter. »Ja ja.«

Frau Tecklenburgs Stimme: »Vati.«
Vatis Stimme: »Ja, mein Schatz. Wir nahen.«
Frau Tecklenburgs Stimme: »Hörst du, wir nahen.«
Herr Tecklenburg schneidet in aller Seelenruhe die Torte weiter. »Jaa doch.«
Frau Tecklenburgs Stimme: »Wir betreten jetzt die gute Stube.«
Herr Tecklenburg schneidet in aller Seelenruhe die Torte weiter. »Nur hereinspaziert.«
Frau Tecklenburg betritt mit ihren Eltern die gute Stube. »Ich bring dich um.«
Herr Tecklenburg: »Ist ja gut.« Herr Tecklenburg reißt sich sein T-Shirt vom Leib, schleudert es in einen Schrank, zerrt ein anderes mit der Aufschrift KACKE vor und streift es sich blitzschnell über. Frau Tecklenburg vergräbt verzweifelt das Gesicht in ihren Händen.
Herr Tecklenburg: »Was ist denn jetzt schon wieder?«
Mutti: »Is was nicht in Ordnung?«
Vati: »Hängt der Haussegen schief?«
Herr Tecklenburg: »Weiß der Geier.« Er hilft seinen Schwiegereltern aus dem Mantel. Sie tragen T-Shirts mit den Aufschriften PISSE und KOTZE. Sie nehmen alle am Kaffeetisch Platz und langen tüchtig zu. Nur Frau Tecklenburg bleibt verstimmt.
Vati: »Sie wird wohl mit dem falschen Bein aus dem Bett gestiegen sein.«
Mutti: »Es wird ihr wohl eine Laus über die Leber gelaufen sein.«
Herr Tecklenburg: »Hauptsache, es schmeckt.«
Mutti: »Das kann man wohl sagen.«
Vati: »Das mein ich aber auch.«
Herr Tecklenburg: »Alles was recht ist.«

Nach all den Jahren – endlich allein mit Elvira! Nur noch die Sitzbank der ‚Polen' zwischen uns!!

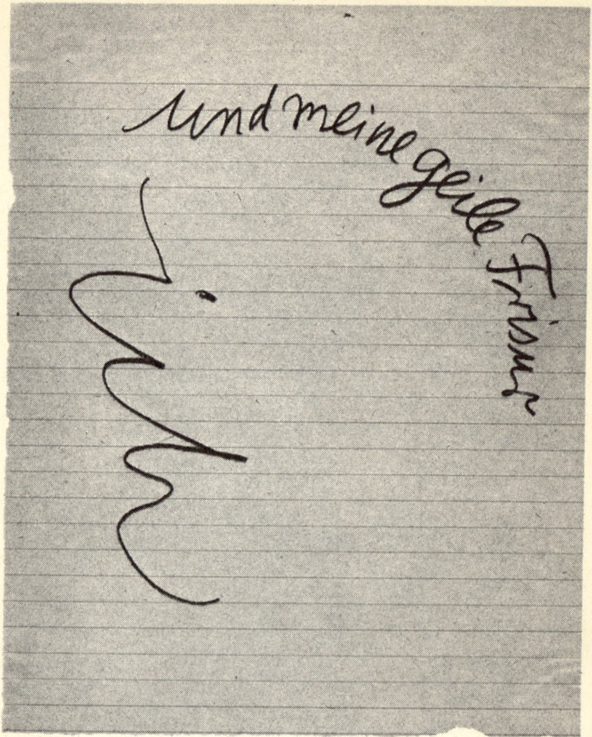

2. 7. 82 Porträt eines Jugendlichen

Ich sage Ihnen: Mein Fuß! Er ist schneller als eine Forelle!
Aber manchmal –

Glück

Unlängst geriet ich in ein Balltreiben. Eine schöne Frau hatte es auf mich abgesehen. Sie zog mich ins Freie. Da bin ich heute noch.

Aus der Zeit meiner Priesterausbildung

„Hände über den Kanzelrand!"

JUWELIER SCHIABITZ
FRAUEN
FREUND

Schleichwerbung

Trautl Lehmann und Herbert Pütz auf Miele

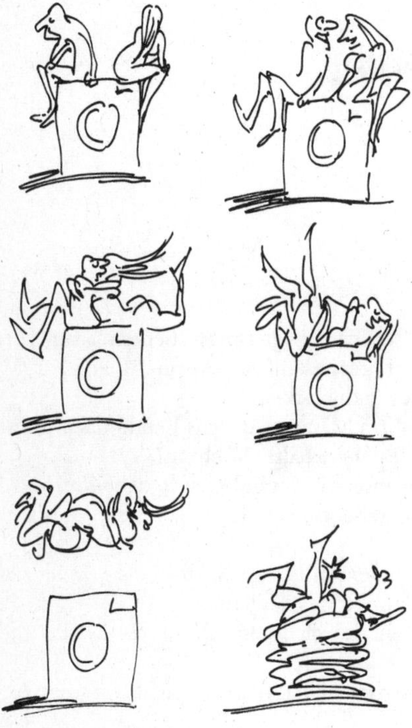

Mätzedis

Ein Landstreicher liegt am Straßenrand. Ein vornehmer Herr biegt geruhsam in seinem blitzenden Mercedes Cabriolet um die Ecke.

»Na? Mitm Mätzedis durchs Land kutschen, was?«

Mercedesfahrer hält: »Wiebitte?«

»Ich meinte: Sind wohl gerade dabei, mitm Mätzedis die Landstraße runterschrubben, was? – Macht Spaß, was?«

»Natürlich macht es Spaß, aber was geht Sie das an?«

»Nix. Um Gottes Willem, nix.«

»Mischen Sie sich doch nicht in fremder Leute Angelegenheiten.«

»I wo, mach ich nich, Geht in Ordnung. Alles klar. Aber –«

»Was aber?«

»Wenn ich mir so überleg. Mitm nietenagelneuen Mätzedis! Ich würde fast nicht mehr werden hinterm Steuer von nem nietena –«

»Das ist mir völlig schnuppe, mein Herr, ob Sie nicht mehr werden würden oder – ach, was –« Er fährt davon. »Was muß ich mich auch auf ein so unfruchtbares Gespräch einlassen.«

Die 11 bekanntesten Stellungen bei der Selbstbefriedigung des Mannes

Illustration zum Märchen vom Männlein mit dem Hocker

„Wer ist Ed?"

Show down

Ein Mann ist vor dem Fernseher eingenickt. Im Fernsehen spricht der Tod.

Tod: »Ich habe heute die unangenehme Aufgabe, Ihnen mitzuteilen, daß jetzt für immer Sendeschluß ist.« Der Mann schläft weiter. Der Tod stellt den Fernseher etwas lauter ein: »Ich habe heute die unangenehme Aufgabe, Ihnen mitzuteilen, daß jetzt für immer Sendeschluß ist.«

Der Mann schreckt endlich hoch: »Was?«

Tod: »Ich habe heute die unangenehme Aufgabe, Ihnen mitzuteilen, daß jetzt für immer Sendeschluß ist.«

Der Mann: »Wie bitte?«

Tod zückt die Fernbedienung: »Heute abend bin ich es, der Sie ausschaltet.«

Der Mann zieht schnell wie ein Revolverheld seine Fernbedienung, drückt ab und schaltet den Fernseher aus. »Einer war schneller. Haha!« Er erhebt sich aus seinem Sessel und schaut furchtsam um sich. »Es gibt in ganz Hessen keinen, der schneller zieht. Und trotzdem ist mir mulmig.«

Das war es, was ihm die andern Böcke nie verziehen.

DM 7.-

Das alte Spiel

Der Fisch

Ein alter Clown rollt im Rollstuhl auf die Bühne und versucht, sein Publikum zu unterhalten, als wäre er ein junger Clown, bis er umkippt und daliegt wie ein Fisch am Ufer, der nach Luft schnappt. Ein Fisch schwimmt über die Bühne, als sei sie sein Element.

Der Fisch: »Quicklebendig, quicklebendig.«

Der Clown verfolgt den Fisch mit den Augen, studiert seinen Kurs, nimmt all seine letzte List und Kraft zusammen, den Fisch zu fangen. Es gelingt.

Der Clown läßt den Fisch über seinem offenen Maul zappeln: »Füsch. Quücklebendig, quücklebendig.«

Der Fisch: »Ein Fisch, der schmeckt, kann nie sprechen.«

Der Clown: »Was?«

Der Fisch: »Ein Fisch, der spricht, kann nie schmecken.«

Der Clown: »Ich durchschaue düch, Füsch. Du wüllst nur wieder herumschwümmen.«

Der Fisch: »Ich will herumschwimmen.«

Der Clown: »Quücklebendig, quücklebendig.«

Der Fisch: »Läßt du mich, hast du einen Wunsch.«

Der Clown läßt den Fisch schwimmen. »Üch wünsch, üch bün wieder jung und ...«

Der Fisch schwimmt davon, der Clown springt jung hinterher, fängt ihn und läßt den Fisch über seinem offenen Maul zappeln.

Der Clown: »... und du schmeckst gut und machst müch quücklebendig, Füsch, wie du.« Er verschluckt den Fisch und zeigt, wie gut er schmeckt.

Der Fisch ruft aus dem Innern des Clowns: »Ich mach dich quicklebendig, quicklebendig.« Er treibt den Clown über den Kurs, den der Fisch zu schwimmen pflegte.

Der Clown: »Schwümm langsam, Füsch. Mir geht die Puste aus, Füsch.«

Der Fisch ruft im Innern des Clowns: »Quicklebendig, quicklebendig.«

Der Clown rast über den Kurs, bis er tot umfällt.

Der Fisch schwimmt dem Clown aus dem Maul: »Quicklebendig, quicklebendig.«

„Wie ist es möglich," dachte Corinna,
„daß ein einziger Ellbogen in einer klaren Fleischbrühe
den liebsten Menschen so fremd machen kann?"

Der Lebenskünstler

Mit heiterster Gelassenheit versuchte ich der physischen Überlegenheit meines Bruders zu begegnen.
Wie Sie sehen nicht ganz ohne Erfolg.

geniales Vorhaben

An einem kalten Märzabend des Jahres 1770 entschloß sich Beethovens Vater, Beethoven zu zeugen.

Herr Schmidt

Eines Tages kommt Herr Schmidt
nicht mit seiner Hose mit,
sie ist schneller im Büro
und sein Jackstück ebenso.
Dieser Fall verbreitet Schrecken,
um nicht Anstoß zu erwecken,

birgt Herr Schmidt mit seinen Händen
einen Großteil seiner Lenden.
Plötzlich, es ist wie verhext,
spürt er, daß sein Großteil wächst.
O, wie betet, schwitzt, geniert sich
Schmidt, jedoch sein Großteil rührt sich,
rührt sich, daß es zuckt und bebt,
Schmidt aus allen Angeln hebt.
Zwischen zwei entsetzten Fraun
flieht er über einen Zaun,
gräbt sich wie ein wildes Schwein
in ein Baugelände ein,
gräbt sich tiefer in die Erd,
bis er nichts mehr sieht und hört.
Feuerwehr und Polizei
schaufeln Schmidten wieder frei,
geben ihm ein Fragenblatt,
das er auszufüllen hat,
fahren Schmidt in sein Büro
Zimmer hundertsieben, wo
seine pflichtversessnen Kleider
Akten füllen und so weiter.
Glücklich schlüpft Herr Schmidt hinein,
um nicht mehr entblößt zu sein.
Und wie all die letzten Jahre
korrigiert er Formulare.
Selbst am Sonntag sitzt er starr
über einem Formular,
über jenem mit den Fragen
zu dem Vorfall vor drei Tagen.
Schmidt vertieft sich angestrengt
in sein Werk. Die Sonne sengt.

Bis ein satter Knall erklingt,
der Balkon in Stücke springt.
Schmidt verliert sein Gleichgewicht,
fliegt durchs Sommersonnenlicht,
mit ihm fliegt das Formular
und die Mörtelbrockenschar.
Wie er fliegt, sieht er ein Bild,
das sein ganzes Herz erfüllt,
er sieht deutlich einen Haufen
Füchse über Berge laufen.
Fühlt sich Fuchs gleich unter Füchsen
über Bergeskuppen büxen
scheint ihm das vollkommne Glück,
also büxt Herr Schmidt ein Stück.
O, wie schön, das zu erleben!
Und wie dumm, daß er erst eben
diese Glücksentdeckung machte,
jetzt, als der Balkon zerkrachte,
jetzt, so kurz vor seinem Ende,
jetzt, so kurz –

What is the matter with you, Eberhard?

also – ich find das echt geil, daß die Englisch-Lehrerin so sagenhafte Titten hat – echt
In English please

„Nicht so schräg, Schlampe,
mein Schnaps rutscht."

Manfred Helmes

Manfred Helmes sitzt an seinem Tisch und trinkt sein Bier. Es klopft.

Manfred Helmes: »Herein.«

Der mit einer Sense bewaffnete Tod tritt ein. Manfreds Haare richten sich vor Entsetzen auf. Der Tod tritt immer näher. Manfred Helmes schaut wie gelähmt auf ihn. Der Tod greift nach Manfred Helmes' Bierglas, trinkt es aus, und versucht mit kühnem Sensenschwung den Kopf von Manfred Helmes' Leib zu trennen. Manfred Helmes duckt sich zur rechten Zeit, so daß ihm der Tod nur sein zu Berge stehendes Haar abmäht.

Manfred Helmes erhebt sich: »Mein Bier aussaufen, meine Haare abmähen – das macht man nicht mit einem Manfred Helmes. Da ist die Tür.«

Der Tod geht und schließt die Tür hinter sich.

Manfred Helmes: »Ist doch wahr.«

Kleines Regenblatt

verliebt,

verlobt,

verheiratet

verwitwet

Die letzten Ringe

Vor einer Milchglasscheibe liegen auf einem Samtkissen zwei Ringe. Hinter der Milchglasscheibe erscheint das geheimnisvolle Gesicht eines Mannes. Eine Frau tritt auf. Das Gesicht zieht sich zurück und wird zu einem verschwommenen Schatten. Die Frau schaut sich die Ringe an. Sie greift zu dem kleineren.

Der Mann schüttelt den Kopf und klopft gegen die Milchglasscheibe: »Der große Ring ist für die Braut, der kleine für den Bräutigam.«

Die Frau erschrickt: »O, guten Tag. Entschuldigen Sie. Ich hatte Sie nicht gesehen.«

Mann: »Guten Tag.«

Frau: »Ist das alles, was Sie anzubieten haben?«

Mann: »Ja. Es sind die letzten Ringe. Sie sind schön.«

Frau: »Ja, sie sind schön.« Sie versucht den kleineren Ring überzustreifen. »Jedoch – er paßt mir nicht. Er ist zu klein.«

Mann: »Der große Ring ist für die Braut, der kleine für den Bräutigam.«

Frau: »Wiebitte?«

Mann: »Die Ringe sind für Brautleute gemacht.«

Die Frau steckt sich den größeren Ring an den Finger. »Für Brautleute? Da kommt er für mich nicht in Frage, obwohl – er paßt wie angegossen.«

Mann: »Wie angegossen. Wie schön.«

Frau: »Ja, er ist sehr schön. Wie schade, daß ich keine Braut bin.« Sie versucht den Ring abzustreifen. »Nanu? Der Ring. Er sitzt fest. Ich bekomme ihn nicht mehr herunter.«

Mann: »Dann werden Sie ihn nehmen müssen.«

Frau: »Was soll das heißen? Nehmen müssen. Ich habe kein Geld.«

Mann: »Ich will kein Geld.«

Frau: »Ich bin auch keine Braut.«

Mann: »Das kann nicht sein.«

Frau: »Ich habe auch keinen Bräutigam.«

Mann: »Das kann nicht sein. Ich bin doch Ihr Bräutigam.«

Frau: »W e r sind Sie?« Sie nimmt den kleinen Ring und läuft hinter die Milchglasscheibe.

Mann: »Ihr Bräutigam.«

Die Frau steckt dem Mann den Ring an den Finger. »Er paßt wie angegossen. Welch dürrer harter Finger.«

Sie umarmen sich hinter der Milchglasscheibe.

Ein guter Arzt

„Da sitzen Sie nun, Fräulein Karin,
und hängen Ihren Erinnerungen nach,
während das Leben an Ihnen vorüberrauscht."

Die Abenteurer

Der Tod steht in seinem Nachen und wartet. Zwei grölende Gesellen kommen die Uferböschung herab, entdecken den Nachen und machen es sich auf seiner Rückbank bequem.

»Ist egal, wohin.«

»Hauptsache, was los.«

Der Tod stößt vom Ufer ab.

Im Alter mußten wir Ralfi einäschern,
weil er sein Wasser nicht mehr halten konnte.

Der Tod des Narren

Ein alter Narr stirbt mitten im Publikum.

»Ja, ja, es ist für mich soweit. Tut nicht so. Ihr wißt es alle. Ihr glotzt. Faßt euch. Es bleibt nichts anderes für euch, als meinen letzten Wunsch zu hören. Also hört:

Ich will nicht unter die Erde, den Würmern zum Fraß!

Ich will nicht ins Wasser zu den schleimigen Olmen!

Gebt mich dem Feuer und streut meine Asche in alle vier Winde!

Laßt mich weiterwirbeln über die kaum erkaltete Kruste dieser lausigen Erde!«

Der Narr stirbt, wird feierlich verbrannt und seine Asche in alle vier Himmelsrichtungen ins Publikum gestreut. Nach dieser Zeremonie hört man seine Stimme von überall her.

»Mein Publikum! Mein geliebtes Publikum! Es atmet mich ein! Ich verteile mich auf die Lungen meiner Liebsten! Das Leben geht weiter! Hört ihr mich nicht schon aus eueren Hälsen herauslachen?!«

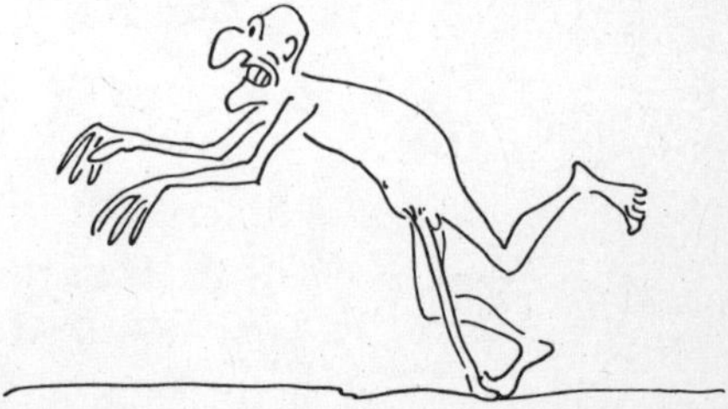

„Ich kenne in dieser Stadt eine lose Bodenplatte. Wir könnten uns da ins Erdreich wühlen."

Schiprowskis Ausfahrt und Tod

Meine Solonummer

Der Vorhang öffnet sich. Ich trete an die Rampe. Ich erschieße mein Publikum. Ich verbeuge mich. Der Applaus kommt vom Band.

Editorische Notiz

Die Auswahl der Texte und Zeichnungen besorgte der Autor. Sie wurden folgenden Bänden entnommen:

Wahrscheinlich guckt wieder kein Schwein. Zürich: Diogenes Verlag, 1978.

Die 11 bekanntesten Stellungen bei der Selbstbefriedigung des Mannes (83) – *Schipowskis Ausfahrt und Tod* (108)

Männer auf verlorenem Posten. Zürich: Diogenes Verlag, 1983.

Lebendiges Christentum (10) – *Der Prophet* (28 f.) – *Denkmalsentwurf* (62) – *Ungewöhnlicher Sommer* (74) – *Zwei Männer* (4) – *Saubermann* (5) – *Erfüllung* (97) – *Porträt eines Jugendlichen* (120) – *Aus der Zeit meiner Priesterausbildung* (53) – *Vom Männlein mit dem Hocker* (15) – *Mein Schatten* (90) – *Corinna* (70) – *Fräulein Karin* (11) – *Hoppla* (3)

Glückliche Stunde. Zürich: Diogenes Verlag, 1986

Das Paradies auf Erden (28) – *Frühes Drängen* (75–78) – *Eis* (26) – *Ernst* (103) – *Herrlicher Morgen* (20) – *Die Abseitsregel* (92) – *Die Oberbohne* (111) – *Mein Fuß* (79 f.) – *Frauenfreund* (74) – *Wer ist Ed?* (106) – *Der Bock* (46) – *Eberhard* (95) – *Mein Schnaps rutscht* (94) – *Ralfis Tod* (109) – *Geheimtip* (58) – *Likör* (18)

Es lebe die Freihei. Stuttgart/München: Deutscher Bücherbund, [1988].

Kasperle (44) – *Ich liebe* (69) – Lothar Hinkel (14–16)

Mich wundert, daß ich fröhlich bin. Zürich: Diogenes Verlag, 1991.

Ganz die Mutter (23) – *Kinderfasching* (154) – *Das Schaufenster* (192) – *Das hilfreiche Wort* (158) – *Thomas* (35) – *Liebe und Feuerwehr* (161) – *Das falsche Buch* (185) – *Der Schwärmer* (17) – *Ver-*

dacht auf Fieber (28) – *Mai* (178) – *Hundeschnauzensalat* (7) – *Köchlins* (9) – *Willi* (24) – *Schleichwerbung* (81) – *Die Ruhestörer* (62) – *Das Verhör* (126) – *Das alte Spiel* (91) – *Sein erster Fisch* (24) – *Der Lebenskünstler* (170) – *Geniales Vorhaben* (68) – Bei Tisch (20) – *Der Beamte* (101) – *Kleines Regenblatt* (104) – *Wichtiges Wettkampfergebnis* (20) – *Ein guter Arzt* (85) – *So war's* (150)

Die letzten Dinge: in 77 Stücken. Frankfurt a. M.: Verlag der Autoren, 1992.

Vorhang auf (11) – *Page Herbert* (102) – *TV* (196) – *Alltägliche Heimkehr* (195) – *Die Wölfe* (133) – *Der Spanner* (97) – *Mac und Molli* (86) – *Der Abstand* (101) – *In Harrys Bar* (153) – *Die Maske* (137) – *Gott ist dran* (150) – *Sonntagnachmittag* (130 f.) – *Mätzedis* (104) – *Show down* (197) – *Der Fisch* (158) – *Herr Schmidt* (211) – *Manfred Helmes* (208) – *Die letzten Ringe* (224) – *Die Abenteurer* (240) – *Der Tod des Narren* (241)

Textabweichungen im vorliegenden Band gehen auf Korrekturen des Autors zurück.

Die Texte *Glück* und *Meine Solonummer* sind Originalbeiträge für den vorliegenden Band.

Die Zeichnung auf dem Umschlag entstand für den vorliegenden Band.